Armin Täubner

ENTCHEN PHILIPP

frechverlag

Weitere Titel des bekannten Autors Armin Täubner im Frech-Verlag:

TOPP 1758

TOPP 1751

TOPP 1641

TOPP 1711

TOPP 1500

TOPP 1540

Fotos: Frech-Verlag GmbH + Co. Druck KG, 70499 Stuttgart · Birgitt Gutermuth

Auflage: 5. 4. 3. 2. | Letzte Zahlen
Jahr: 1998 97 96 95 94 | maßgebend

frechverlag GmbH + Co. Druck KG, 70499 Stuttgart

ISBN 3-7724-1784-1 · Best.-Nr. 1784

Druck: Frech-Verlag GmbH + Co. Druck KG, 70499 Stuttgart

Auf dieses Buch bin ich
ganz schön mächtig stolz!
Ich hab' es selbst geschrieben,
denn ich wollte ja von meinen Abenteuern erzählen.
Meine Mama und mein Papa meinen, daß ich
noch ein kleiner Philipp bin – aber das stimmt gar
nicht! Ich kann telefonieren, einkaufen, mir die Zähne
putzen und das Tollste: Ich kann jetzt auch
selbst schwimmen. Deshalb werde ich ja auch einmal
Kapitän, wenn ich groß bin!

Aber was das Allerallerallerbeste ist:
Meine Mama, mein Papa und ich – und auch
alle anderen, von denen ich in diesem Buch erzähle –,
die sind ganz einfach nachzubasteln.
Das ist wirklich gar nicht schwer. Ihr müßt das nur
einmal ausprobieren. Wenn ich mich traue,
allein ins Wasser zu springen, dann werdet Ihr ja mit
diesen kinderleichten Fensterbildern zurecht-
kommen, oder? Denn die sind ganz einfach toll!

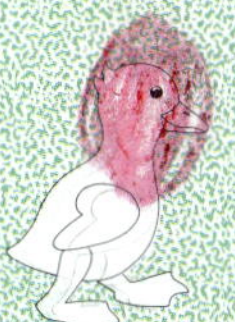

Euer
Philipp

Das bin ich!

Das bin ich, das Entchen Philipp!
Noch nicht so groß wie die Erwachsenen – aber klein und oho...
Und auch wenn ich noch nicht zu den Größten zähle,
eines weiß ich jetzt schon: Das Leben ist voller Abenteuer!

Und so wird's gemacht:

Kleben Sie den bemalten Schnabel auf, dann wird das Auge ergänzt, die Flügel und die Beine werden fixiert – fertig ist Philipp, das kleine Entchen!

Das ist meine Mama!

Und das ist meine Mama. Ich glaub', sie hat mich wirklich lieb, denn wenn mal irgendetwas schiefgegangen ist – zu ihr kann ich immer kommen! Und wenn sie mich in den Flügel nimmt, dann ist alles nur noch halb so schlimm!

Und so wird's gemacht:

Bei der stolzen Mama und dem prächtigen Söhnchen werden zuerst die Schnäbel angeklebt und anschließend die Gesichter aufgemalt. Bringen Sie die Füße an.
Dann kuschelt sich Philipp an den Bauch seiner Mutter, bekommt den Flügel und wird zum Schluß von seiner Mama umarmt.
Vergessen Sie das rote Kopftuch nicht.

Mein Papa ist ein echter Kapitän

Mein Papa ist ein echter Kapitän, auf ihn bin ich mächtig stolz! Und was er alles weiß, ... sein Spezialgebiet ist das Wasser, da gibt es keine Frage, die er mir nicht beantworten kann!

Und so wird's gemacht:

An das blaue Rumpfteil (Strich-Punkt-Linie) wird der Kopf angelegt; verbinden Sie diese zwei Teile mit der Jacke (gestrichelte Linie). Dann bekommt Philipps Papa den gelben Schnabel und das aufgemalte Gesicht.
Bei der Schirmmütze wird der untere Teil schwarz angemalt.
Ergänzen Sie bei dem linken Arm von hinten die Hand und anschließend das Fernrohr, bevor er an die Jacke geklebt wird. Zum Schluß noch das linke Hosenbein mit dem dahintergeklebten Fuß ergänzen.
Und weil Philipps Papa sehr genau auf sein Äußeres achtet, sollten Sie noch die Kleidersäume mit einem schwarzen Filzstift umranden.

Wenn ich groß bin, werd' ich auch Kapitän!

Wenn ich groß bin, dann werde ich auch Kapitän, das steht fest! Genau so ein kluger Kapitän wie mein Papa. Ich hab schon mal geschaut, ob mir seine Winter-Kapitänsmütze paßt ... na ja, ein klitzekleines bißchen muß ich noch wachsen!

Und so wird's gemacht:

Am Kopf wird zuerst der bemalte Schnabel angebracht.
Legen Sie die Mütze mit dem weißen Pompon direkt an den Kopf an – mit dem weißen Mützensaum werden diese beiden Teile dann verbunden.
Den vierteiligen Schal aufkleben, den Flügel und die beiden Beine ergänzen – und jetzt ist Philipp fast schon ein kleiner Winter-Kapitän!

Das Leben ist sooo schön!

Aber, um ganz ehrlich zu sein: Im Moment macht es mir nicht so viel aus, daß ich noch ein bißchen kleiner bin.
Die Großen, die müssen nämlich dauernd irgendwas tun, haben Streß und Termine, keine Zeit und keine Ruhe ... Dabei ist das Leben doch so aufregend und spannend, wenn man viele Freunde hat und mit ihnen spielen kann!

Und so wird's gemacht:

Philipp bekommt seinen Schnabel und das aufgemalte Gesicht. Ziehen Sie ihm dann sein blaues Hemd an, und kleben Sie den Fuß auf. Wenn Sie den zweiteiligen Ärmel anbringen, denken Sie an die Blume, die noch daruntergeschoben werden muß.
Bei dem kleinen Schmetterling wird auf der Rückseite das zweite Flügelteil leicht versetzt fixiert; malen Sie ein hübsches Muster auf die Flügel.
Und dann landet der kleine Flatterer auf Philipps Schwanz!

Wenn ich einmal telefonieren will...

Um eines beneide ich die Erwachsenen aber, das muß ich schon sagen: Die dürfen telefonieren, wann, mit wem und wie lange sie wollen. Wenn zum Beispiel meine Mama telefoniert, das dauert Stunden! Wenn ich einmal den Telefonhörer in die Hand nehme, dann kommen sie gleich mit so Sachen wie „Telefonrechnung"... Dabei habe ich sooo wichtige Dinge zu erledigen!

Und so wird's gemacht:

Wenn Philipp telefonieren will, dann braucht er zuerst seinen großen Schnabel und das aufgemalte Gesicht. Drücken Sie dem Küken den Telefonhörer in den linken Flügel, kleben Sie die Beine an, und fixieren Sie den rechten Flügel samt Telefonapparat. Und nicht zu vergessen das Telefonkabel!

Manchmal muß ich Mama helfen

Meine Mama findet es auch ziemlich wichtig, daß ich ihr beim Einkaufen helfe, ... ich find's zwar nicht so wichtig, aber das hilft nichts!

Und so wird's gemacht:

Die Beine und der Schnabel werden angeklebt, das Gesicht malen Sie auf.

Für die Einschnitte auf dem Brotlaib brauchen Sie einen braunen Filzstift. Dann kleben Sie den Laib und den Flügel auf. Vergessen Sie das Grasbüschel nicht!

Na ja, ich weiß nicht so recht...

Mein Papa hat gesagt, ich soll jetzt mal langsam selbst schauen, daß ich etwas zum Essen finde. Aber so ganz geheuer ist mir die Sache noch nicht – ich finde das Essen von Mama viel besser!

Und so wird's gemacht:

Der bemalte Schnabel, das aufgemalte Auge, die beiden Beine und das linke Flügelchen – schon ist Philipp fertiggebastelt. Dann fehlt nur noch der kleine Wurm, und die beiden werden auf die braune Bodenfläche gesetzt.

Schon wieder Zähne putzen...

Das ist auch so eine Erfindung von den Erwachsenen: Nach dem Essen Zähne putzen! Jeden Tag dreimal ... Die Sache macht nur Spaß, wenn ich meine Lieblingszahnpasta habe, die schmeckt wenigstens. Na ja, und was auch echt gut ist: Wenn der Zahnarzt bei mir kein Loch findet. Da bin ich dann doch froh, daß ich so ein braver Philipp bin!

Und so wird's gemacht:

Philipp sieht's zwar noch nicht so ganz ein – aber bevor er die Zähne putzen kann, braucht er zuerst einmal seinen Schnabel.
Malen Sie das Gesicht auf. Den gelben Kopf-Arm-Teil an den Bauch anlegen und die beiden Teile mit der Schlafanzugsjacke verbinden.
Von vorne fixieren Sie den linken zweiteiligen Ärmel mit der Zahnbürste, von hinten wird der rechte Arm mit der Zahnpasta angebracht. Vergessen Sie das kleine Flügelteil nicht, das von vorne auf der Tube ergänzt wird.
Und vor dem Zubettgehen braucht Philipp dann noch seine Schlafanzugshose und die beiden Beine!

Heute ist's soweit!

Heute ist's soweit: Meine Mama hat gemeint, ich sei jetzt groß genug, daß ich schwimmen lerne. Find' ich eigentlich nicht ..., das ist so kalt und so naß! Und da soll ich ganz allein rein?

Und so wird's gemacht:

Mama und Sohn wollen beide zuerst ihre Schnäbel und die Gesichter. Philipp setzt sich auf den Rücken seiner Mama, nachdem Sie ihren Flügel fixiert haben.
Ergänzen Sie das Küken mit dem Fuß und dem Flügel – und dann geht's ab ins Wasser!

Der erste Versuch

Papa hat gesagt, wenn ich einmal Kapitän werden will, dann muß ich schwimmen können. Da hat er wohl recht. Aber ... es ist so naß, und wenn ich jetzt da reinspringe, komme ich da dann wieder hoch? Hoffentlich schaut mir keiner bei meinen ersten Schwimmversuchen zu!

Und so wird's gemacht:

Erst wenn Sie den bemalten Schnabel aufgeklebt haben, können Sie die Taucherbrille und den Schnorchel anbringen.
Malen Sie an dem weißen Schwimmring zwei rote Streifen auf, dann legt ihn Philipp an. Wenn er jetzt noch den Flügel und sein Bein bekommen hat, stellt er sich auf das Seerosenblatt, das im Wasser schwimmt.
Und dann wäre da ja auch noch der kleine Fisch, der gar nicht verstehen kann, daß Philipp sich nicht traut...

Ich hab's geschafft!

Ich hab's geschafft! Ganz alleine kann ich jetzt schwimmen, ganz alleine! Papa war mächtig stolz auf mich! Er hat mich zu seinem Leichtmatrosen ernannt, das ist sicher so etwas wie ein kleiner Kapitän...

Und so wird's gemacht:

Auf der Vorlage für den blauen Rahmen finden Sie eine Markierung, wo Sie den Zirkel einstechen müssen. Am besten verwenden Sie zusätzlich noch ein Lineal für die Wasserfläche.
Stellen Sie zuerst die Matrosenmütze her; die blauen Bänder werden von hinten angeklebt.
Philipp bekommt seinen Schnabel und die Mütze, das Gesicht wird aufgemalt. Wenn der kleine Leichtmatrose dann noch seinen Flügel hat, kann er sich ins kühle Naß stürzen.

Jetzt bin ich schon ganz schön groß

Ich glaub, Mama war auch ganz glücklich, daß ihr kleiner Philipp jetzt alleine schwimmen kann! Aber ein bißchen müde war ich schon von den Vorführrunden. Mama hat mich ganz lieb in den Flügel genommen! Und dann hat sie noch gesagt, ich soll ein bißchen schlafen. Wenn ich aufwache, gibt's eine Überraschung. Was das wohl ist ...?

Und so wird's gemacht:

Mama und Sohn wollen zuerst einmal ihre Schnäbel und die aufgemalten Gesichter.

Das rote Kopftuch wird ergänzt, und die Beine werden angebracht. Dann drückt sich Philipp mitsamt seinem Flügelchen an den Bauch seiner Mutter, die ihn liebevoll mit ihrem Flügel bedeckt.

Pssst!

Ganz tief und fest habe ich geschlafen –
ein echter Leichtmatrose hat sich das wirklich verdient!
Und dann habe ich dauernd von Überraschungen geträumt!
Vielleicht meine Lieblingsnachspeise?
Oder eine eigene Kapitänsmütze?

Und so wird's gemacht:

Mit dem aufgeklebten Schnabel und dem aufgemalten Gesicht hat Philipp sich ins Gras gelegt.
Denken Sie aber daran, daß Sie vorher noch die beiden Beine anbringen müssen.
Als Zudecke braucht Philipp ein großes Blatt, das er mit seinem linken Flügel festhält.

Die Überraschung

Das war wirklich eine Überraschung! Ein Brüderchen!
Ich hab ihm beim Schlüpfen zugeschaut, das war toll! Und jetzt?
Jetzt fangen die großen Abenteuer erst so richtig an,
denn jetzt sind wir zu zweit!

Und so wird's gemacht:

Auf das Ei wird das gelbe Sechseck (gestrichelte Linie) mit dem aufgemalten Auge geklebt; zeichnen Sie auch einige „Risse“ auf.
Philipps roter Schnabel wird aufgeklebt und das Gesicht aufgemalt. Wenn Sie Philipps Körper direkt an das Ei anlegen, können Sie diese beiden Teile mit dem Bein und dem Flügel verbinden.
Und zum Schluß werden die beiden auf die grüne Grasfläche geklebt, wo das Schalenteil liegt.

So entsteht eine Schablone

1. Sie nehmen weißes Transparentpapier und legen es auf die Vorlage.

2. Mit einem Bleistift pausen Sie die Figur ab.

3. Kleben Sie nun das Butterbrotpapier auf einen dünnen Karton.

4. Wenn Sie jetzt die Figur ausschneiden, haben Sie eine Schablone.

Für fast alle Tonkartonarbeiten benötigen Sie Schablonen; sie haben den Vorteil, daß Sie den Vorlagenbogen nicht zerschneiden müssen und daß mit Hilfe der Schablone dasselbe Motiv so oft ausgeschnitten werden kann, wie man möchte.